ENTE

di 8 Mars 1909

H UOT, SALLE N° 7

DEUX HEURES PRÉCISES

ATELIER
De feu Eugène LACOSTE

PEINTRE-DESSINATEUR

Du Théâtre National de l'Opéra

et des Théâtres subventionnés

Me E. ORIGET
COMMISSAIRE-PRISEUR
3, boulevard Sébastopol

M. PAUL SIMONS
PEINTRE-EXPERT
Près le Tribunal civil de la Seine
23, rue des Martyrs

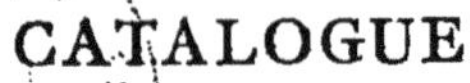

CATALOGUE

DES

TABLEAUX, AQUARELLES

DESSINS — ÉTUDES

ET DE

Nombreux Documents sur le Costume de Théâtre

PROVENANT DE

l'Atelier de feu Eugène LACOSTE

Peintre-Dessinateur du Théâtre National de l'Opéra
et des théâtres subventionnés

Et de TABLEAUX par :

COROT, LÉPINE, TROYON, etc., etc.

DONT LA VENTE AURA LIEU A PARIS

HOTEL DROUOT, SALLE N° 7

LE LUNDI 8 MARS 1909

A DEUX HEURES PRÉCISES

Me E. ORIGET
COMMISSAIRE-PRISEUR
3, boulevard Sébastopol
PARIS

M. PAUL SIMONS
PEINTRE-EXPERT
Près le Tribunal civil de la Seine
23, rue des Martyrs

Chez lesquels se distribue le présent Catalogue

EXPOSITION PUBLIQUE

Le Dimanche 7 Mars 1909, de 2 heures à 6 heures

CONDITIONS DE LA VENTE

La vente sera faite au comptant.

Les adjudicataires paieront *dix pour cent* en sus des enchères.

L'Exposition mettant le public à même de se rendre compte de l'état des œuvres mises en vente, il ne sera admis aucune réclamation, une fois l'adjudication prononcée.

N. B. — Les œuvres sont vendues tous droits de reproduction étant interdits.

Paris. — Imprimerie de l'Art, Ch. Berger, 41, rue de la Victoire.

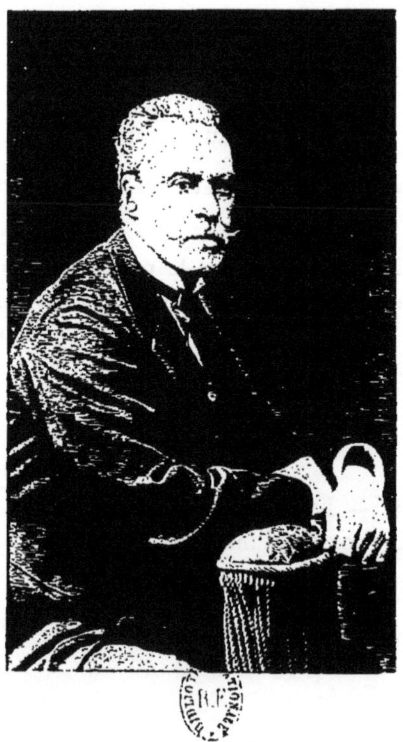

EUGÈNE LACOSTE

(1818-1907)

L'honneur de présenter un grand artiste est une tâche difficile, bien montrer ses qualités d'homme et d'artiste exige une longue expérience et beaucoup d'observation, aussi les nombreux amis qu'a laissé Eugène Lacoste voudront bien accorder beaucoup d'indulgence à celui que le hasard a chargé de rappeler ses vertus et son si distingué talent.

Ceux qui s'élèvent très haut sont forcément et délicieusement affinés, ils charment et étonnent; ils ont des qualités de cœur d'une délicatesse inouïe, et ils apportent dans la défense du Beau une brutalité stupéfiante.

C'est toujours ainsi que sont les artistes éminents et c'est ainsi qu'était Eugène Lacoste.

Eugène Lacoste, né à Paris le 11 février 1818, a été présenté le 26 février 1833 par son premier professeur, M. Gosse, peintre d'histoire, à MM. Philastre et Cambon avec lesquels il travailla jusqu'en 1836.

Très doué, donnant des résultats surprenants pour son âge, il était fêté et recherché par tous; ses maîtres et amis étaient : Gosse, Philastre, Cambon, Millet, Troyon, Gudin, Dauzat, Decamps, Devéria, Isabey, Jeanzon, Chenavard, Drolling, Corot, etc.

Eugène Lacoste était d'une très grande sensibilité, un rien le faisait souffrir, un rayon de soleil l'enchantait, et cependant c'était un grand caractère, sa volonté était inébranlable dans sa poursuite du Beau et du Bien.

Il ne voyait pas le Beau en fantaisiste, mais en réaliste, il voulait la sincérité, le juste, dans son œuvre; toute sa vie le prouve, et c'est cette sincérité qui l'a fait un des grands artistes de son époque.

Ses qualités de cœur étaient exquises, il faisait le bien avec une discrétion, une délicatesse surprenantes; aussi doit-on dire avec raison que Eugène Lacoste était « quelqu'un » à tous les points de vue. Il fut : 1° un peintre de grand talent. 2° le plus grand dessinateur de costumes de théâtre de son époque.

EUGÈNE LACOSTE, PEINTRE

(1836-1907)

Eugène Lacoste exposa ses œuvres aux Salons des Artistes Français à partir de 1836 où sa première toile fut « La Jeunesse de Henri V d'Angleterre »; il y a toujours occupé une belle place et la Presse lui a accordé chaque fois des éloges mérités; je ne puis que rappeler les articles si louangeux que lui consacrèrent Théophile Gautier,

Philippe Gille, de la Rounat, Larroumet, Roqueplan, marquis de Saint-Georges, Nieuverkerke, etc., etc.

En 1839, Lacoste fut chargé, pour le compte de M. Bernard, d'exécuter les peintures décoratives du foyer de l'Opéra-Comique, peintures que le dernier incendie fit disparaître.

En 1840, sur le rapport de M. de Cailleux, Directeur des Beaux-Arts, le Gouvernement lui confia l'exécution, à la Manufacture de Sèvres, des grandes verrières des chapelles de Dreux et d'Amboise, d'après divers maîtres, Jacquand, Wattier, Delacroix, et d'après les cartons d'Ingres. Le roi Louis-Philippe suivait avec intérêt ses travaux et le venait voir très souvent.

En 1846, il accompagna dans un voyage en Orient le prince Gortschakoff et en rapporta un très grand nombre d'études et de documents sur l'Asie, l'Egypte et la Syrie.

En 1848, le général Cavaignac, chef du Pouvoir Exécutif, lui demanda d'exécuter pour l'État un tableau représentant « La Reprise du Travail après les Journées de Juin ». Cette œuvre souleva de violentes polémiques, non que le talent de l'artiste fut en jeu, mais parce que le sujet avait été trouvé trop révolutionnaire par les uns et pas assez avancé par les autres ; le Prince Président, Louis-Napoléon, complimenta publiquement Lacoste et fit replacer immédiatement le tableau au milieu du salon carré du Louvre d'où il avait été délogé par M. Charles Blanc, Directeur des Beaux-Arts, qui l'avait remplacé par le portrait du Prince. Cette toile se trouve maintenant au Musée de Marseille.

De 1850 à 1852 ses rondes d'enfants firent l'admiration de tous, une de ces rondes d'enfants orne aujourd'hui le musée de Carcassonne.

En 1852, le comte de Nieuverkerke, alors surintendant des Beaux-Arts, proposa Eugène Lacoste pour une médaille de première classe ; ce fut Courbet qui l'obtint avec son tableau jugé plus démocrate « l'Enterrement à Ornans ».

Cette même année, Lacoste fut chargé de la restauration du plafond et des pendentifs de l'Opéra de la rue Le Peletier.

En 1856, sa scène des Mohicans, « la Fuite à travers les Rapides », fit sensation.

Pendant longtemps il exécuta des travaux pour l'État et des peintures pour différentes églises.

En 1863, il brossa les peintures du plafond de la salle de réception de la gare de Vichy ; l'empereur Napoléon III voulait le décorer, son absence fit décorer à sa place un ingénieur ; Lacoste, en effet, une heure avant l'arrivée du souverain, avait pris le train pour rejoindre au plus vite sa femme très malade.

Il peignit aussi de nombreux portraits qui furent très remarqués, notamment ceux de M. Aubry, un riche Mécène ; du sculpteur L'Évêque ; du peintre Jules Diéterle ; de Siraudin, l'auteur dramatique ; de Gustave Aymard, le romancier.

EUGÈNE LACOSTE

DESSINATEUR DE COSTUMES DE THÉATRE

(1855 à 1907)

Son œuvre est considérable ; élève de Cambon, décorateur de l'Opéra, et de Léon Cogniet, il avait été préparé par ces deux maîtres au grand rôle qu'il a si bien rempli.

Par ses patientes recherches, son érudition si profonde, sa scrupuleuse exactitude dans l'interprétation des styles, il est arrivé à donner à ses dessins une valeur artistique et historique indiscutable ; il a apporté un caractère essentiellement élevé et grandiose aux superbes mises en scène de notre première scène lyrique.

Il avait un art infini dans la répartition des personnages et une entente merveilleuse de l'harmonie des couleurs.

Ses dessins font autorité pour la justesse de toutes les époques et de tous les pays, les ouvrages qu'il a montés ont fait l'admiration tout à la fois des savants et des artistes ; tout le monde était émerveillé des résultats obtenus par ce dessinateur impeccable.

Pendant plus de cinquante ans, Eugène Lacoste s'est occupé de dessins de costumes de théâtre de genre. C'est Reyer qui a mis le premier Eugène Lacoste très en vue ; en 1861, Reyer cherchait un véritable artiste pour dessiner les costumes de son opéra *La Statue* ; plusieurs peintres, entr'autres Lalanne, amis du compositeur et de Réty, directeur du Théâtre lyrique, lui indiquèrent Lacoste qui avait eu déjà à son actif plusieurs costumes très réussis faits à plusieurs grands artistes des principaux théâtres de Paris.

Eugène Lacoste eut un très vif succès, la Presse fut unanime dans ses éloges, Théophile Gautier, Philippe Gille, Aubryet, Plée, Vitu, Wolff, de la Rounat, Pougin, Mortier, Larroumet, Georges Boyer, Octave Mirbeau, Blavet, Georges Duval, Edouard Noël, Moreno, Camille Le Senne, Stoullig, de Joncières, Guillemot, Raoul Toché, Breban, Léon Kerst, Réty, Bourgeat, Delilia, Sarcey le couvrirent de fleurs. Reyer, déjà bourru, en prit ombrage, et à son précieux collaborateur qui lui demandait un mot de satisfaction, il répondit en lui tournant le dos : « *on ne parle que de vous* ».

Eugène Lacoste ne lui en garda pas rancune, car il devait participer d'une façon merveilleuse, trente ans plus tard, au triomphe de Reyer en apportant son précieux talent à la création de *Salammbô*, à l'Opéra, où les costumes furent l'objet de l'admiration unanime pour leur beauté et leur justesse du style dans la reconstitution d'une époque disparue.

C'est à la suite de ses succès dans les différents théâtres de Paris qu'il fut appelé à l'Académie Nationale de Musique par M. Halanzier, comme Dessinateur de l'Opéra, pour collaborer avec les si éminents décorateurs, comme Lavastre, que ce parfait Directeur avait su grouper autour de lui ; aussi, à cette époque, les grands ouvrages du répertoire ont-ils eu une impulsion artistique extraordinaire.

Lacoste est resté vingt ans à l'Opéra, la bibliothèque

possède de lui 14 volumes de dessins et aquarelles des différents ouvrages qu'il a montés.

Les principales œuvres théâtrales auxquelles ce maître a apporté sa collaboration sont les suivantes :

THÉATRE LYRIQUE IMPÉRIAL

La Statue, *Le Neveu de Gulliver*, *Les Deux Cadis*, *La Chatte Merveilleuse*, *Jaguaritta*, *La Bohémienne*, *Rienzi*, *Don Juan*, *Charles VI*, *Lalla-Rouck*, *L'Ombre*.

Il faudrait plusieurs volumes pour reproduire les beaux articles faits sur les costumes de ces ouvrages par les écrivains très érudits qui ont laissé une traînée lumineuse de toutes leurs observations.

THÉATRE ITALIEN

Fidelio.

THÉATRE DE L'ODÉON

Formoza, *Severo Torelli*, *Les Jacobites*, *Le Songe d'une Nuit d'Été*, *Les Danicheff*, *Cromwel.*

THÉATRE DU CHATELET

Le Déluge, *Théodoros*, *Ismaïla.*

Pour ces trois ouvrages, Lacoste fut porté aux nues par la Presse et par le public.

THÉATRE DE LA GAITÉ

L'Acte de Pompéï du « Roi Carotte. »

THÉATRE DES VARIÉTÉS

Les Merveilleuses.

Comme dit de Saint-Victor, à propos de cette œuvre : « C'est à Eugène Lacoste que l'on doit la variété prodigieuse des *Merveilleuses*, variété qui est plus qu'une reconstitution, qui est une divination. »

THÉATRE DU GYMNASE

Le Comte Kostia.

A L'OPÉRA

Jeanne d'Arc, dont le ballet Bohémien fut très remarqué.

Sylvia, ballet grec très réussi, reconstitution des costumes de l'époque qui sont d'une variété surprenante et d'un goût exquis.

La Reine de Chypre (reprise).

Le Roi de Lahore, « c'est la première fois que le nom du dessinateur des costumes est mis sur l'affiche et cela est dû aux cinq cents costumes dessinés par le savant et inventif Eugène Lacoste » (*Le Monde Illustré*, Albert de Lasalle), à voir les articles de Pougin, Mortier, Guillemot, Joncières, Bénédict, Georges Duval, Édouard Noël, de la Rounat, Stoullig, de Saint-Victor, de Lapommeraye, etc.

Le Fandango, avec ses costumes ravissants.

Polyeucte, où l'érudition et le goût d'Eugène Lacoste firent encore des merveilles.

Yedda, ballet japonais.

Aïda, qui fut une reconstitution sensationnelle des costumes du temps ; jamais Lacoste n'avait fait plus beau, on l'acclama au défilé du 2e acte.

La Muette (reprise).

La Korrigane, les recherches de Lacoste en Bretagne, surtout au Musée de Quimper, lui ont permis de faire une collection aussi intéressante qu'authentique, dont il s'est servi pour ses costumes de la vieille Bretagne, qui ont eu un si beau succès.

Le Tribut de Zamora, « à propos des costumes, ce qui frappe, disait Stoullig, c'est de voir un homme aussi savant et aussi modeste produire silencieusement et sans bruit d'aucune sorte tant et de si belles choses ».

Namouna,

Françoise de Rimini dont les costumes italiens et allemands du XIIIe siècle ont été rendus avec beaucoup d'adresse, et où il allia si bien la légèreté italienne avec la gravité allemande.

Henri VIII, pour lequel Lacoste fit spécialement un voyage en Angleterre, à la suite duquel il fit une reconstitution surprenante des costumes de l'époque.

La Farandole, ballet provençal ; les costumes sont d'une grande justesse et d'une grâce exquise.

Le Comte Ory (reprise).

Sapho, « études fort justes sur la Grèce, qui indiquent, dit Léon Kerst, de la part du dessinateur Lacoste, une connaissance très approfondie de l'antiquité grecque ».

Tabarin.

Le Comte d'Egmont.

Salammbô, les costumes furent un éblouissement ; au défilé final, les bravos et les applaudissements n'en finissaient plus.

A l'Exposition Universelle de 1889, une bonne partie de l'œuvre théâtrale de Lacoste se trouvait dans la section des Arts industriels. On fut surpris de l'ensemble des travaux tout à la fois si complexes, si documentés et si artistiques de l'éminent dessinateur ; aussi, à l'unanimité, le Jury lui décerna-t-il le Grand Prix.

Lacoste continua de travailler jusqu'à son dernier jour ; beaucoup de jeunes artistes auraient été fiers de pouvoir signer les dernières aquarelles de ce maître qui avait conservé à quatre-vingt-neuf ans cette justesse du dessin et ces coloris merveilleux qui l'avaient placé si haut.

Eugène Lacoste s'est endormi dans les bras de son ami, M. l'abbé Margand, le 28 octobre 1907.

Paris, le 22 février 1909.

EUGÈNE MAILLARD,
Secrétaire de l'Opéra.

DÉSIGNATION

AQUARELLES DIVERSES

VENISE, PAYSAGES, COSTUMES, ETC.

1 — *Place Manin*. Venise.
Haut., 46 cent.; larg., 64 cent.

2 — *Le Départ pour la promenade*. Composition.
Haut., 47 cent.; larg., 63 cent.

3 — *Le Retour de la promenade*. Composition.
Haut., 47 cent.; larg., 63 cent.

4 — *Le Palais ducal*. Venise, 1873.

5 — *De ma fenêtre*. Venise, 6 mai 1873.
Haut., 44 cent.; larg., 61 cent.

6 — *Palais sur le Grand Canal à Venise*. 1873.
Haut., 47 cent.; larg., 59 cent.

7 — *Vue d'Orient*. 1904.
Haut., 46 cent.; larg., 59 cent.

8 — *Canal à Venise.*

Haut., 44 cent.; larg., 59 cent.

9 — *Grand Canal à Venise.* Mai 1893.

Haut., 43 cent.; larg., 58 cent.

10 — *Petit Canal à Venise.* 1892.

Haut., 45 cent.; larg., 56 cent.

11 — *La Grand'Messe chez les Mékhitaristes.* Vienne, mai 1873.

Haut., 42 cent.; larg , 54 cent.

12 — *Canal à Venise.*

Haut., 43 cent.; larg., 52 cent.

13 — *Arrestation de Foscari.* Venise, 1873.

Haut , 40 cent.; larg., 52 cent.

14 — *Cour intérieure d'un Palais.* Venise.

Haut., 42 cent.; larg., 51 cent.

15 — *Venise.* 1873.

Haut., 38 cent.; larg., 51 cent.

16 — *Vue de la Salûte.* Venise, 26 avril 1873.

Haut., 42 cent.; larg., 50 cent.

17 — *Le Puits.* Juin 1893.

Haut., 39 cent.; larg., 50 cent.

18 — *Ruelle à Venise.* Mai 1873.

Haut., 39 cent.; larg., 50 cent.

19 — *Venise.* Février 1873.

Haut., 36 cent.; larg., 50 cent.

20 — *Vue de la fenêtre de la casa Zabéo.* Venise, 20 septembre 1872.

Haut., 40 cent.; larg., 46 cent.

21 — *Pont à Venise.* 20 avril 1873.

Haut., 38 cent.; larg., 46 cent.

22 — *Une Rue à Venise.* 1er novembre 1873.

Haut., 37 cent.; larg., 46 cent.

23 — *Procession à Venise.* Novembre 1872.

Haut., 38 cent.; larg., 45 cent.

24 — *Venise.* 5 novembre 1873.

Haut., 38 cent.; larg., 45 cent.

25 — *La Terrasse.*

Haut., 47 cent.; larg., 63 cent.

26 — *Cour de Ferme.*

Haut., 47 cent.; larg., 63 cent.

27 — *Ile de Saint-Ouen.* 29 juin 1851.

Haut., 46 cent.; larg., 61 cent.

28 — *Pont-l'Évêque.* 1885.

Haut., 43 cent.; larg., 61 cent.

29 — *La Rivière.*

Haut., 45 cent.; larg., 60 cent.

30 — *Pont-l'Évêque.*
Haut., 44 cent.; larg., 60 cent.

31 — *Chapelle normande.* 1900.
Haut., 47 cent.; larg., 55 cent.

32 — *Pont rustique.*
Haut., 52 cent.; larg., 40 cent.

33 — *Soisy-sous-Étiolles.* 23 août 1884.
Haut., 48 cent.; larg., 38 cent.

34 — *Tribut de Zamora : Mauresque du Harem.*
Haut., 49 cent.; larg., 38 cent.

35 — *Tribut de Zamora : Femme du Harem.*
Haut., 49 cent.; larg., 38 cent.

36 — *Tribut de Zamora : Femme du peuple.*
Haut., 47 cent.; larg., 37 cent.

37 — *Le Roi de Lahore.* (Figuration.)
Haut., 47 cent.; larg., 37 cent.

38 — *Armide.* (Opéra.) 1902.
Haut., 47 cent.; larg., 36 cent.

39 — *Esclave de Salammbô.* Cortège. Figuration. (Opéra.)
Haut., 47 cent.; larg., 36 cent.

40 — *Tribut de Zamora.*
Haut., 47 cent.; larg., 36 cent.

41 — *Mosquée de Saïd.* Le Caire, 1907.

Haut., 40 cent.; larg., 28 cent.

42 — Cadre contenant huit aquarelles de costumes pour: *Cromwell*, *Aïda*, *Yedda*, *Tribut de Zamora* et divers.

43 — Cadre contenant huit aquarelles de costumes pour : *Henri VIII*, *Sylvia*, *Namouna*, *Tribut de Zamora*, *la Korrigane*, *Aïda*, *le Songe d'une nuit d'été*, *etc.* (Pendant du précédent numéro.)

44 — Projet de décoration pour l'Hôtel de Ville de Paris. Aquarelle. 1892.

Haut., 27 cent. 1/2; larg., 1 m. 35 cent.

45 — Projet de décoration pour l'Hôtel de Ville de Paris. (Seconde partie.)

Haut., 27 cent. 1/2; larg., 1 m. 35 cent.

46 — *L'Inde*, costume pour un bal du Ministre de la Marine. Février 1866.

Haut., 31 cent.; larg., 22 cent.

47 — *Projet de costume.* Époque de François II.

Haut., 33 cent.; larg., 24 cent. 1/2.

48 — *Draner.* Projet de costume pour les *Variétés.*

Haut., 30 cent.; larg., 22 cent.

DESSINS

49 — *Venise.* 9 octobre 1873.

Haut., 38 cent.; larg., 44 cent.

50 — *Potigny (Calvados).*

Haut., 38 cent.; larg., 44 cent.

51 — *La Crèche.* Le 4 août.

Haut., 38 cent.; larg., 44 cent.

52 — *Potigny (Calvados).*

Haut., 38 cent.; larg., 44 cent.

53 — *Le 20 Juillet 1871. Sous bois.*

Haut., 38 cent.; larg., 44 cent.

54 — *Fourchambault (Nièvre).*

Haut., 37 cent.; larg., 44 cent.

55 — *Château de Rochechervière, à Ségé.*

Haut., 38 cent.; larg., 44 cent.

56 — *Potigny (Calvados).*

Haut., 38 cent.; larg., 43 cent.

57 — *Château de Tiffauges.* 1er septembre 1867.

Haut., 38 cent.; larg., 43 cent.

58 — *Chemin tournant.*

Haut., 37 cent. 1/2; larg., 43 cent.

59 — *Fourchambault (Nièvre).*

Haut., 37 cent.; larg., 43 cent.

60 — *Potigny (Calvados).*

Haut., 37 cent.; larg., 43 cent.

61 — *Lavernière.*

Haut., 36 cent.; larg., 43 cent.

62 — *Potigny (Calvados).*

Haut., 36 cent.; larg., 43 cent.

63 — *Lisière de forêt.*

Haut., 36 cent.; larg., 43 cent.

64 — *Richebonne.*

Haut., 35 cent.; larg., 43 cent.

65 — *Richebonne.*

Haut., 35 cent.; larg., 43 cent.

66 — *Chemin sous bois.*

Haut., 35 cent.; larg., 43 cent.

67 — *La Vieille Église et le Pont de Chatou.*

Haut., 31 cent.; larg., 43 cent.

68 — *Le Vieux Moulin.*

Haut., 32 cent.; larg., 42 cent. 1/2.

69 — *Fourchambault (Nièvre).*

Haut., 34 cent.; larg., 41 cent.

70 — *Lavernière.* Le 27 avril 1851.

Haut., 31 cent.; larg., 36 cent.

PEINTURES

71 — *Chaumière, à Villerville.*
Haut., 1 m. 3 cent.; larg., 1 m. 75 cent.

72 — *Flore et Amours.*
Haut., 81 cent.; larg., 65 cent.

73 — *Promenade en forêt.*
Haut., 81 cent.; larg., 1 m. 17 cent.

74 — *Chaumière à Villerville.*
Haut., 78 cent. 1/2; larg., 1 m. 16 cent. 1/2.

75 — *Portrait d'Homme.*
Haut., 1 mètre; larg., 81 cent. 1/2

76 — *Porte-étendard.*
Haut., 1 mètre; larg., 81 cent. 1/2.

77 — *Plaisir champêtre.*
Haut., 74 cent.; larg., 60 cent.

78 — *Femme arabe sur la terrasse.* Salon de 1905.
Haut., 73 cent.; larg., 52 cent.

79 — *Portrait de Jeune Fille.* Signé 1864.
Haut., 73 cent.; larg., 60 cent.

80 — *La Surprise.*
Haut., 65 cent.; larg., 81 cent.

81 — *Souvenir de Villerville*. Salon de 1905.

Haut., 38 cent.; larg., 55 cent.

82 — *Chemin tournant.*

Haut., 46 cent.; larg., 33 cent.

83 — *Le Christ et les soldats*. Signé 1854.

Haut., 33 cent.; larg., 24 cent.

84 — *Tentation de Saint-Hilarion*. Signé 1847.

Haut., 46 cent.; long., 39 cent.

85 — *Enlèvement des Sabines*. Signé 1864.

Haut., 34 cent.; larg., 43 cent.

86 — *Don Quichotte*. Signé 1860.

Haut., 31 cent.; larg., 43 cent.

87 — *Chef maure*. Signé 1902.

Haut., 35 cent.; larg., 27 cent.

88 — *Chef de tribu entouré de ses guerriers et de ses amazones*. Signé 3 septembre 1877.

Haut., 33 cent.; larg., 24 cent. 1/2.

89 — *Portrait de Desbarolles*. Signé juin 1870.

Haut., 34 cent.; larg., 27 cent. 1/2.

90 — *L'Électricité traversant la mer*. Esquisse d'un tableau exécuté pour Vienne (Autriche). Signé au dos 1861.

Haut., 19 cent.; larg., 24 cent.

91 — *Portrait d'Homme.* Signé 1860.

Haut., 56 cent.; larg., 47 cent.

92 — *Plafond du Palais ducal à Venise,* d'après Véronèse. Vienne 1873.

Haut., 98 cent. 1/2.; larg., 65 cent. 1/2.

93 — *Fleurs.* Panneau décoratif.

Haut., 91 cent.; larg., 52 cent.

94 — *Chevaux de halage.*

Haut., 60 cent.; larg., 73 cent.

95 — *Jeune Fille tenant une corbeille de fleurs.*

Haut., 73 cent. 1/2; larg., 59 cent. 1/2

96 — *Pont-l'Évêque : Bords de l'eau.*

Haut., 54 cent. 1/2; larg. 73 cent.

97 — *Les Bûcherons.*

Haut., 47 cent.; larg., 64 cent. 1/2

98 — *Coup de vent.* 12 novembre 1866.

Haut., 46 cent. 1/2; larg., 55 cent. 1/2

99 — *Le Chemin montant. Villerville.* Signé 1889.

Haut., 38 cent.; larg., 55 cent.

100 — *Route : Soisy-sous-Étiolles.*

Haut., 33 cent.; larg., 51 cent.

101 — *La Mort du Christ.* Copie.

Haut., 52 cent.; larg., 35 cent. 1/2.

102 — *Sentier à Villerville.*

Haut., 38 cent.; larg., 55 cent.

103 — *Verger à Villerville.*

Haut., 38 cent.; larg., 55 cent.

104 — *Chaumière à Villerville.*

Haut., 33 cent.; larg., 53 cent.

105 — *Pont de l'Arche : Bords de l'eau.*

Haut., 36 cent.; larg., 56 cent.

106 — *La Berge à Soisy-sous-Étiolles.*

Haut., 33 cent.; larg., 53 cent.

107 — *Saint Vincent de Paul.* Copie.

Haut., 27 cent.; larg., 54 cent.

108 — *Coin de ferme à Villerville.*

Haut., 33 cent.; larg., 52 cent.

109 — *Villerville : Cour de jardin.*

Haut., 33 cent.; larg., 51 cent.

110 — *Villerville : Cour de jardin.*

Haut., 32 cent.; larg., 50 cent.

111 — *Incendie de l'Opéra-Comique.* Esquisse.

Haut., 46 cent.; larg., 33 cent.

112 — *La Route.* Villerville, 1890.

Haut., 30 cent.; larg., 48 cent.

113 — *Ruisseau sous bois*. Signé 1869.

Haut., 35 cent.; larg., 43 cent. 1/2.

114 — *Marée basse à Villerville.*

Haut., 27 cent.; larg., 46 cent.

115 — *Menton.*

Haut., 27 cent.; larg., 46 cent.

116 — *L'Homme qui court après la Fortune et celui qui l'attend dans son lit*. Esquisse, 1853.

Haut., 26 cent.; larg., 36 cent.

117 — *Fleurs*. Panneau-décoratif.

Haut., 13 cent.; larg., 54 cent.

118 — *Amours*, d'après Rubens. Signé 30 juillet 1841.

Haut., 41 cent.; larg., 33 cent.

119 — *Page portant le casque et l'épée du chevalier.*

Haut., 40 cent. 1/2; larg., 32 cent. 1/2.

120 — *Suzanne au bain.*

Haut., 40 cent.; larg., 27 cent.

121 — *Tête d'étude pour la reprise du travail : Journées de juin 1848*. (Musée de Marseille.) Signé 1852.

Haut., 40 cent.; larg., 31 cent. 1/2.

122 — *Tête d'étude pour la reprise du travail : Journées de juin 1848*. (Musée de Marseille). Signé 1852.

Haut., 41 cent.; larg., 32 cent.

123 — *Méditation.* Signé 1855.

Haut., 41 cent.; larg., 32 cent.

124 — *Portrait (Algérie.)*

Haut., 36 cent.; larg., 27 cent.

125 — *Ascension de la Vierge.* Esquisse du tableau des Hospices de Chevreuse-Duc de Luynes. Signé 1858.

Haut., 44 cent.; larg., 29 cent. 1/2.

126 — *Retour du Concours agricole.*

Haut., 32 cent.; larg., 40 cent. 1/2.

127 — *Nature morte.* Esquisse. Panneau décoratif. Signé 1896.

Haut., 40 cent. 1/2.; larg., 32 cent.

128 — *Jeune fille en prière.*

Haut., 37 cent. 1/2.; larg., 29 cent.

129 — *Rendez-vous de chasse. Sous bois.*

Haut., 27 cent.; larg., 35 cent. 1/2.

130 — *Chemin montant. Villerville.*

Haut., 35 cent.; larg., 26 cent. 1/2.

131 — *Tête de jeune fille.*

Haut., 32 cent.; larg., 23 cent.

132 — *Les Merveilleuses.* Théâtre des Variétés.

Haut., 82 cent.; larg., 65 cent.

133 — *Enlèvement des Sabines.*

Haut., 1 mètre 53 cent.; larg., 2 mètres.

134 — *Portrait de Desbarolles.*

Haut., 1 m. 48 cent.; larg., 1 m. 96 cent.

TABLEAUX DIVERS

135 — Corot. *Forêt de Fontainebleau.* Cachet de la vente de l'Artiste.

Haut., 32 cent.; larg., 45 cent.

136 — Dufaud (A.). *Lisière de verger* (*Calvados*). Salon de 1889.

Haut., 38 cent.; larg., 55 cent.

137 — Lépine. *Bord de rivière. Coucher de soleil.*

Haut., 19 cent.; larg., 26 cent. 1/2.

138 — Mauduit (Louise). *Portrait de Jeune Homme.* 1806.

Haut., 46 cent.; larg., 38 cent.

139 — Troyon. *Paysage.* Étude d'Espagne pour le tableau *Tobie et l'Ange.* 1842.

Haut., 31 cent.; larg., 41 cent.

140 — École Française (XVIIIe siècle). *Tendres propos.*

Haut., 45 cent.; larg., 52 cent.

DOCUMENTS SUR LE THÉATRE

AQUARELLES — DESSINS

141 — Costumes du Directoire : « Les Merveilleuses ». Vingt eaux-fortes de A. GUILLAUMOT fils, d'après les dessins de EUG. LACOSTE et DRANER, tirés sur papier Whatman.

Exemplaire unique retouché à l'aquarelle, par EUG. LACOSTE.

Reliure à dos et coins en maroquins.

142 — Recueil contenant : 1° quarante-six calques, rehaussés d'aquarelle, des costumes du Ballet, *La Farandole*, représenté à l'Opéra de Paris le 14 décembre 1883.— 2° Cinquante-six calques également rehaussés d'aquarelle des costumes de l'opéra *Sapho* (1884).

143 — Recueil de cinquante-cinq dessins ou calques aquarellés des costumes du Ballet japonais *Yedda*, représenté à l'Opéra National, le 17 janvier 1879.

144 — Recueil de quatre-vingt-six calques en noir ou rehaussés d'aquarelle et de gouache, d'après les dessins des costumes de l'opéra *Polyeucte* (1878).

145 — Recueil de quatre-vingt-douze calques en noir ou rehaussés d'aquarelle, d'après les dessins des costumes de l'opéra *Françoise de Rumini* (1882).

145 *bis* — Recueil de trente-quatre pages d'études. Croquis d'après nature, compositions et documents divers pour les costumes de *Françoise de Rimini* (Opéra, 14 avril 1882.)

146 — Recueil contenant soixante-quatre aquarelles originales concernant les *Merveilleuses*. Maquettes et reconstitutions d'après des documents historiques.

147 — Recueil contenant : 1° Seize calques aquarellés, d'après les dessins exécutés pour *Severo Torelli* (Odéon, 1883). Notes manuscrites de M. Porel. — 2° Dix-huit calques en noir ou aquarellés, d'après les dessins des costumes du *Songe d'une Nuit d'été* (Odéon, 1886). Notes manuscrites de Torel.

148 — Recueil contenant : 1° Quatre-vingt-huit calques aquarellés, d'après les dessins des costumes du *Tribut de Zamora* (Opéra National). — 2° Soixante-dix-sept calques aquarellés, d'après les dessins des costumes du Ballet *La Korrigane* (Opéra, 1er décembre 1880). — 3° Soixante-dix-sept calques aquarellés, d'après les dessins des costumes du Ballet de *Namouna* (Opéra National).

149 — Recueil de cinquante-quatre calques aquarellés, d'après les dessins des costumes du Ballet *Fandango* (Opéra, 1877.)

150 — Recueil contenant soixante-dix-neuf aquarelles originales exécutées d'après des documents histori-

ques pour *Théodoros*, drame en 5 actes, représenté au Théâtre du Châtelet (1868).

151 — Recueil contenant : 1° Deux cent vingt feuillets de croquis et aquarelles exécutés en Angleterre pour servir de documentation aux costumes de *Henri VIII*, représenté à l'Opéra en juin 1882. — 2° Quatre-vingts calques aquarellés d'après les dessins des costumes de *Henri VIII* (Opéra National, juin 1882).

152 — Recueil de : 1° Treize calques aquarellés d'après les originaux des costumes de la *Reine Berthe* (Opéra, novembre 1878). — 2° Dix calques aquarellés des Bohémiens de *Jeanne d'Arc* (Opéra, novembre 1875). — 3° Dix-huit pages de croquis originaux en noir et aquarellés. Études et recherches pour les *Jacobites* (Odéon, août, 1885). — 4° Études et croquis pour les maquettes du projet de décoration de l'Hôtel de Ville de Paris. — 5° Huit pages de croquis concernant divers opéras.

153 — Recueil contenant soixante-treize pages de croquis originaux, aquarelles, documents divers sur les Maures et l'Espagne, études pour le *Tribut de Zamora*.

154 — Recueil de soixante-six dessins et calques aquarellés, d'après les dessins du *Roi de Lahore* (Opéra.)

155 — Recueil contenant : 1° Trente et une pages de dessins, aquarelles et croquis originaux exécutés à

Arles et à Avignon. Nombreux documents, d'après nature, pour le Ballet *La Farandole* (Opéra National, juin 1813). — 2° Trente-neuf pages de dessins, aquarelles et croquis originaux exécutés en Bretagne (juillet 1880). Nombreux documents, d'après nature, pour les costumes du Ballet *La Korrigane*, représenté à l'Opéra National le 1er décembre 1880.

156 — Sous ce numéro, séries d'aquarelles, de dessins et de calques pour servir aux costumes de *Salammbô*. — Ballet d'*Ismaïla* (Théâtre du Châtelet). — Ballet de *Sylvia*. — Ballet du *Déluge*. — *Acte de Pompéï du « Roi Carotte »* (Sardou). — *Henri VIII*. — Ballet de *Yedda*. — *Le Comte Kostia* (Gymnase). — Les Bohémiens de *Jeanne d'Arc* (Opéra). — La Bohémienne (Théâtre-Lyrique), etc., etc. (Sera divisé.)

157 — Objets omis au présent catalogue.

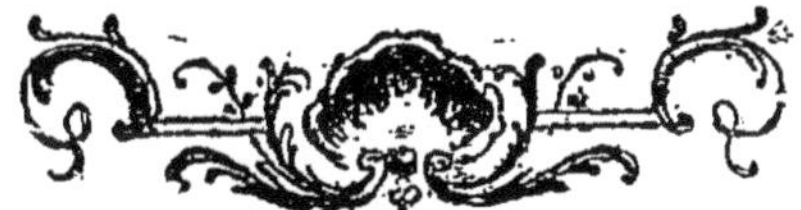

www.ingramcontent.com/pod-product-compliance
Ingram Content Group UK Ltd.
Pitfield, Milton Keynes, MK11 3LW, UK
UKHW020439220726
13923UKWH00005B/2220